치매로부터 인지능력을 지켜주는

시니어
인지활동북

한국시니어정신건강연구소 I 길소연·김희애·송혜경·이혜영

03

N넥스윅

들어가는 말

　　통계청 자료에 따르면 2020년 65세 이상 고령인구는 우리나라 전체 인구의 15.7%로 2025년에는 20.3%, 2060년에는 43.9%에 이를 것으로 예상된다. 과학문명의 발달로 의료기술은 나날히 발전하여 기대수명을 점점 연장시켜 가고 있으며 대표적 노인성질환으로 인식되는 치매의 유병률 또한 고령화현상과 더불어 급격히 증가하고있다. 노년으로 접어드는 시니어라면 '치매'는 자신의 존엄성뿐 아니라 함께 하는 사랑하는 가족들에게도 큰 고통을 줄 수 있어 누구나 가장 피하고 싶은 질환 중 하나일 것이다.

　　치매의 의학적 정의는 "퇴행성 뇌질환 또는 뇌혈 관계 질환 등에 의해 기억력, 언어능력, 지남력, 판단력 및 수행 능력등의 인지기능저하 를일으켜 일상생활에 지장을 초래하는 후천적인 다발성 장애" 를 말한다.(대한신경과학회) 이는 단계별 증상에 따라 경도인지장애, 초기 치매, 중기 치매, 말기 치매로 나눌 수 있다. 가장 초기 단계인 경도 인지장애의 경우 별도의 관리가 없는 경우 5-6년 안에 치매로 진행될 수 있어 특별한 관리가 필요하며 치매는 그 원인은 다양하나 의학적 완치가 불가

능하기에 '예방'의 중요성은 아무리 강조해도 지나침이 없다.

　본 교재 '시니어 인지활동북'은 현재는 아무런 문제가 없으나 치매가 걱정되는 일반적인 시니어층과 일상생활에 문제가 없지만 동일 연령대에 비해 약간의 기억력 저하에 어려움을 가진 경도인지장애 시니어층을 대상으로 만들어졌다.

　각 페이지마다 언어력, 판단력, 지남력, 기억력, 집중력, 지각력, 수리계산력, 시공간력, 연상력을 길러주는 문제들로 다양하게 구성하여 인지능력을 종합적으로 향상시키도록 구성하였으며 1권부터 3권까지 난이도 차이를 두어 부담 없이 점층적 학습이 이루어지도록 도왔다. 무엇보다 현 시장의 유아 학습지 느낌의 교재들과 차별화하여 본 교재를 사용하는 분들의 품격에 맞도록 삽화제작과 디자인에 특별히 많은 주의를 기울였다.

　마지막으로 현장의 여러 경험들을 담아내기까지 조언과 격려로 함께 해주신 분들과 출판되기까지 도움을 준 넥스윅 관계자분들께 감사의 마음을 전한다.

이 책에 관하여

특징

1. 총체적 인지능력 향상

언어력, 판단력, 지남력, 기억력, 집중력, 지각력, 수리계산력, 시공간력을 모두 고르게 학습할 수 있도록 구성하였습니다.

2. 흥미로운 다양한 활동

학습효과를 떨어뜨리지 않으면서 학습을 지속할 수 있도록 숨은그림찾기, 다른 그림찾기, 끝말잇기, 미로찾기, 그림자 놀이 등 흥미롭고 다양한 학습방법을 활용하였습니다.

3. 시니어 품격에 맞는 디자인

보다 큰 사이즈의 글자와 차별화된 삽화 및 디자인으로 시니어의 특성과 품격에 맞게 제작하였습니다.

활용

1. 1권부터 3권까지 순차적으로

쉬운 것부터 점차적으로 높은 수준에 이르도록 단계적으로 학습합니다.

2. 매일 매일 한 쪽씩

각 페이지 상단에 날짜를 쓰고 매일 매일 한 쪽씩 풀어갑니다.

3. 어제 일기와 병행하여

활동북 뒤쪽의 '어제 일기'를 병행하여 기억력 및 지남력을 다시한번 끌어 올립니다.

목차

실재 모습과 연못 속에 비친 모습이 다른 8곳을 찾아주세요.

월 일 요일

개구리 노래

쓰임이 같은 물건끼리 줄로 이어주세요.

월   일   요일

 •

•

 •

•

 •

•

 •

•

 •

•

글을 읽고 무엇에 관한 설명인지 단어를 퍼즐 안에 써 주세요.

월   일   요일

■ 가로

① 물을 끓일 때 씁니다.

② 하얀 가루이며 짠맛을 냅니다.

③ 비가 많이 오면 산 중턱의 바위나 흙이 무너져 내리는
   현상을 말합니다.

④ 표면에 삭은 밥알이 동동 떠있는 전통 민속주입니다.

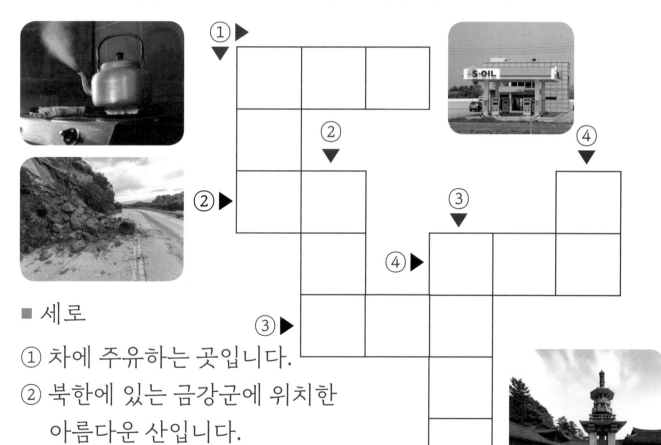

■ 세로

① 차에 주유하는 곳입니다.

② 북한에 있는 금강군에 위치한
   아름다운 산입니다.

③ 동태를 넣고 끓인 찌개입니다.

④ 불국사, 석굴암 등 신라시대의 유물을
   많이 볼 수 있는 도시입니다.

사물 그림자

사물을 보고 맞는 그림자를 찾아 동그라미 해주세요.

월   일   요일

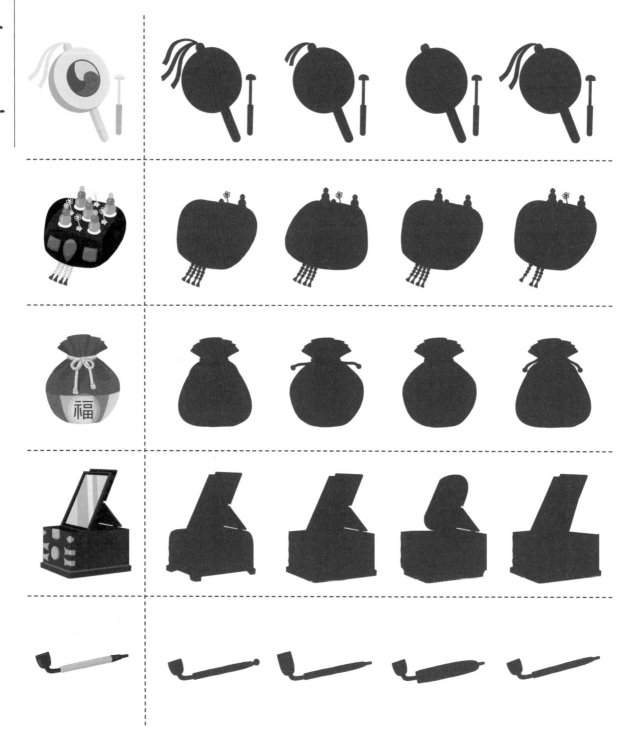

가족 혹은 지인에 관하여 적어보며 표를 완성해 주세요.

월 일 요일

이름	관계	나이	성별	좋아하는 것

5를 더한 수를 색칠하여 장난감 가게에 도착하도록 도와주세요.

월   일   요일

	34	14	70	75	79
	68	61	67	33	77
12 +5	14	29	37	42	47	82
17 +5	22 +5	27	32	57	52	87
19	32	42	64	62	57	99
27	45	62	69	67		
29	35	39	74	72		

TOY

왼쪽 그림과 같아지기 위해 필요한 그림 조합을 찾아 동그라미 해주세요.

월   일   요일

①

②

③

④

가로 또는 세로에 국가 관련 단어 10개를 찾아 모두 동그라미 해주세요.

월 일 요일

브	버	가	일	본	방	인
라	고	본	영	코	주	도
질	민	미	국	모	반	네
호	대	뉴	호	주	칠	시
수	한	키	도	탄	도	아
러	민	수	프	랑	스	키
중	국	스	주	베	트	남

암호표를 이용하여 암호를 풀고 단어를 써 주세요.

월 일 요일

보기

■ 자음

ㄱ	ㄴ	ㄷ	ㄹ	ㅁ	ㅂ	ㅅ
◑	#	/	△	○	∧	♡

ㅇ	ㅈ	ㅊ	ㅋ	ㅌ	ㅍ	ㅎ
♩	◎	+	~	□	▶	↔

■ 모음

ㅏ	ㅑ	ㅓ	ㅕ	ㅗ	ㅛ	ㅜ	ㅠ	ㅡ	ㅣ
∞	⌣	!	●	?	⋮	—	■	▣	☆

◎ ∞ ♩	/ ? ◑	/ ∞ ☆	◑ ☆ ○	+ ☆	◎ ! #
장					

+ ?	◑ ∞	◎ ☆ ∧	∧ —	+ ∞ ☆	+ — ○

탈춤 구경

숨겨진 그림

그림을 보고 진행 순서에 맞게 1-4까지 숫자를 써 주세요.

월   일   요일

■ 차 끓이기

1

■ 저녁 식사

■ 긴급 상황

빈칸 채우기

문장을 읽고 보기에서 알맞은 단어를 골라 써주세요.

(월   일   요일)

1. 사과는 _____ 로 깎는다. (가위, 과도, 주걱)

2. 양말은 _____ 로 꿰맨다. (바늘, 가위, 천)

3. 물건은 _____ 을 주고 산다. (말, 손, 돈)

4. 더러워진 빨래는 _____ 에 넣어 세탁한다.
   (다리미, 밥솥, 세탁기)

5. 월요일 다음은 _____ 이다. (수요일, 화요일, 일요일)

6. 아들이 딸을 낳으면 _____ 이다. (손자, 조카, 손녀)

7. 여름이 오기 전에는 _____ 이었다. (봄, 가을, 겨울)

8. 하루는 _____ 시간이다. (12, 24, 48)

9. 발에는 _____ 을(를) 신는다. (구두, 모자, 우산)

10. 공은 _____ 모양이다. (세모난, 둥근, 네모난)

그림을 오른쪽으로 연속해서 90도 회전하면 되는 모양을 그려주세요.

월 일 요일

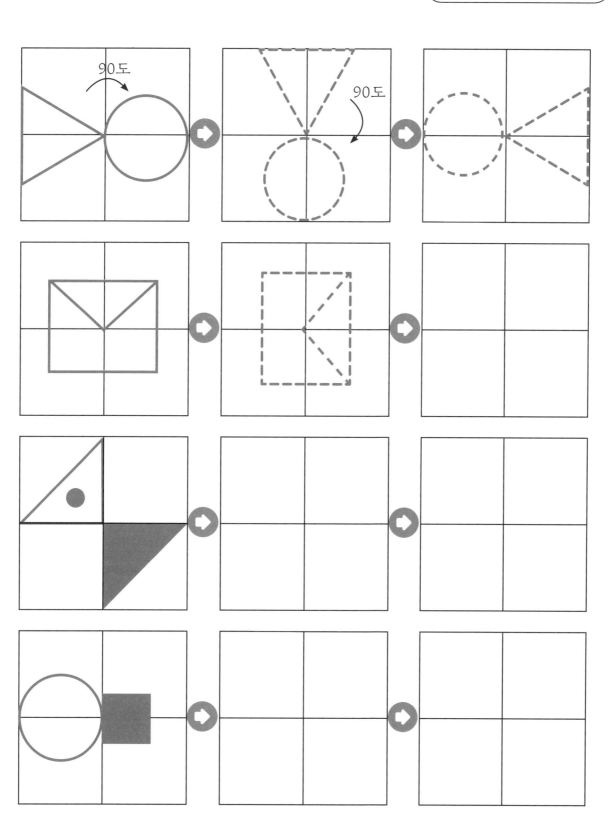

기념일

기념일과 사진을 알맞게 줄로 이어주세요.

월   일   요일

설날   •

석가탄신일   •

3.1절   •

크리스마스   •

추석   •

정월 대보름   •

요리를 위해 구입한 재료비는 모두 얼마인지 써주세요.

음식 재료비

월   일   요일

돌솥 비빔밥

계란 400원
쇠고기 18,000원
당근 800원
시금치 2,500원
고추나물 3,000원

총 재료비   원

비빔 국수

계란 400원
오이 1,200원
소면 3,000원
풋고추 800원

총 재료비   원

김밥

계란 400원
햄 2,000원
당근 800원
단무지 2,300원
김 3,000원

총 재료비   원

단풍 구경

햇볕이 따스한 날.

오늘은 지리산에 단풍 구경을 갑니다.

멋지게 빨간색 셔츠를 입고 버스를 탑니다.

친구는 병아리처럼 노란 셔츠를 입고 왔습니다.

나는 점심도시락으로 김밥을 준비했고

친구는 주먹밥을 가져왔다고 합니다.

즐거운 여행이 될 것 같아

가슴이 두근두근합니다.

1. 오늘 어디로 가나요? _____

2. 무엇을 타고 가나요? _____

3. 나는 무슨 색 옷을 입었나요? _____

4. 친구는 점심으로 무엇을 준비했나요?

_____

각 계절과 어울리는 사물 3개를 찾아 줄로 이어 주세요.

월 일 요일

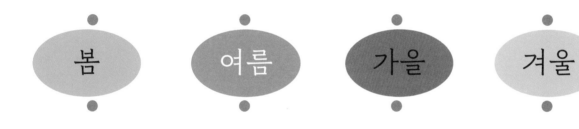

봄   여름   가을   겨울

숫자 맞추기

각 그림이 의미하는 숫자가 몇인지 찾고 마지막 문제를 풀어주세요.

월   일   요일

① 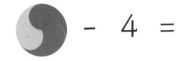 − 4 = 3

5 + 1 = 👑

 − 👑 =

② + 2 = 5

7 − 1 =

+ =

③ − 4 = 4

4 + 1 =

− =

④  − 4 = 2

3 + 1 = 🦆

− =

왼쪽과 같은 곳에 같은 색으로 오른쪽을 칠해주세요.

월   일   요일

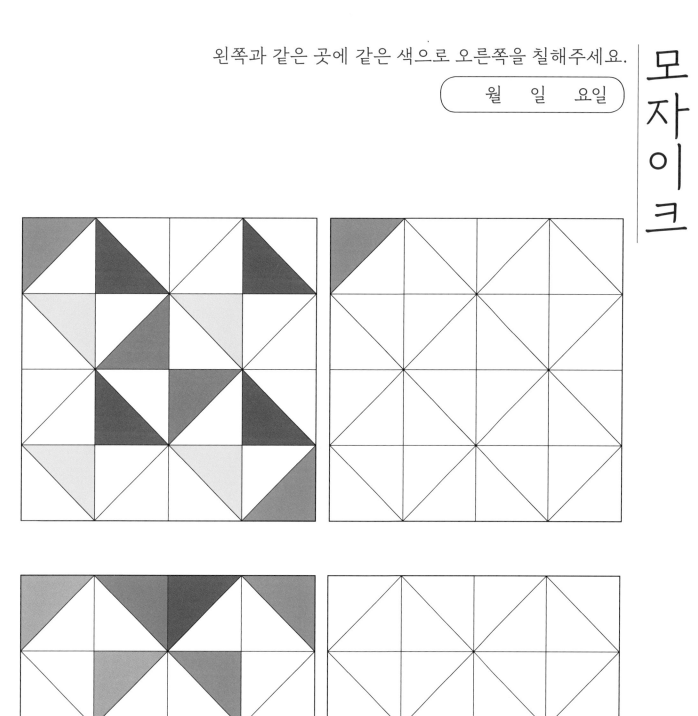

실제로 제일 큰 동물부터 작은 동물까지 순서대로 번호를 써 주세요.

월   일   요일

다음 그림과 뜻에 맞는 사자 성어를 써주세요.

월 일 요일

한 개의 돌을 던져 두 마리의 새를
맞추어 떨어뜨린다는 뜻으로,
한 가지 일을 해서 두 가지 이익을
얻음을 이르는 말

	ㅅ	ㅇ	ㅈ
일			

아홉 번 죽을 뻔하다 한 번 살아난다
는 뜻으로, 죽을 고비를 겪고 간신히
목숨을 건짐을 이르는 말

	ㅅ	ㅇ	ㅅ
구			

바람 앞에 등불이라는 뜻으로
오래 견디지 못하고 매우 위급한 상황을
이르는 말

	ㅈ	ㄷ	ㅎ
풍			

백 번 싸워서 백 번 이긴다는 뜻으로
싸울 때마다 번번히 이김을 이르는 말

	ㅈ	ㅂ	ㅅ
백			

위의 그림과 똑같은 그림이 되도록 점을 연결하여 그려주세요.

월 일 요일

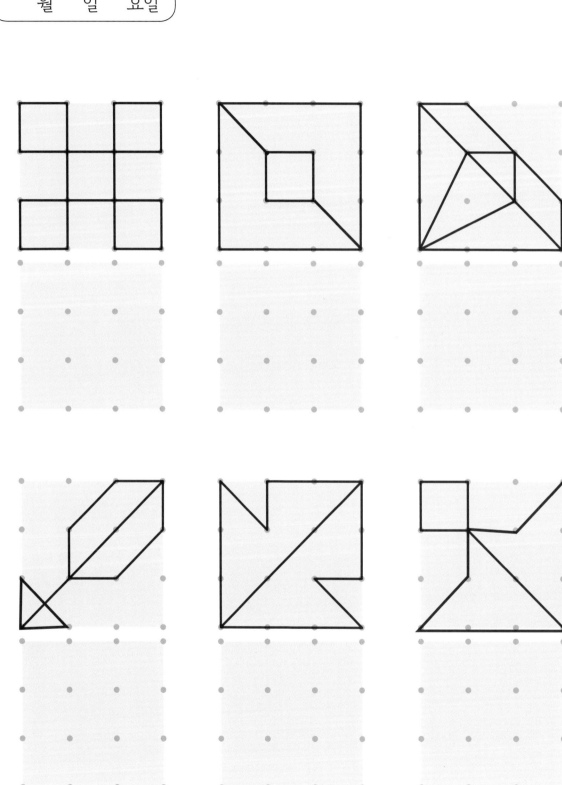

때에 관한 문장들입니다. 알맞은 숫자를 넣어 문장을 완성해 주세요.

월   일   요일

우리나라는 _____ 계절이 있습니다.

일 년은 _____ 달입니다.

1월, 3월, 5월, 7월, 8월, 10월, 12월은 한 달이
 _____ 일 입니다.

4월, 6월, 9월, 11월은 한 달이 _____ 일입니다.

일 년 중 가장 짧은 달은 _____ 월입니다.

일 주일은 _____ 개의 요일이 있습니다.

하루는 _____ 시간입니다.

한 시간은 _____ 분입니다.

일 분은 _____ 초입니다.

오늘은 _____ 년 _____ 월 _____ 일 _____ 요일이고
지금은 _____ 시 _____ 분 _____ 초입니다.

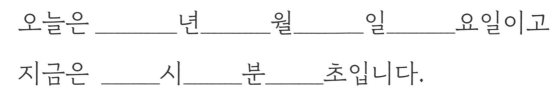

던진 주사위 숫자들의 곱을 계산하여 써주세요.

월   일   요일

3   x   2

 x 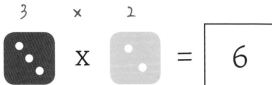 = 6

 X = ☐   X = ☐

 X = ☐   X = ☐

 X  = ☐   X = ☐

 X  X = ☐

서재에 무엇이 있었는지 잘 기억하고 다음 장으로 넘겨주세요.

월 일 요일

아래 그림 중 앞장에서 보지 못했던 사물 5개를 찾아 동그라미 해주세요.

월 일 요일

벋이 좋은 서재 ②

그림을 보고 일어난 순서대로 문장을 써주세요.

월 일 요일

맛있게 먹었다.

매운탕을 끓였다.

생선을 사왔다.

1. _____

2. _____

3. _____

크게 울었다.

손녀가 넘어졌다.

울음을 멈췄다.

약을 발라주었다.

1. _____

2. _____

3. _____

4. _____

길이가 짧은 양말에서 긴 양말까지, 키가 작은 나무에서 큰 나무까지
순서대로 번호를 써주세요.

길
고
크
고

월　일　요일

| | | | | | | 1 | |

| | 1 | | | | |

처음 주어진 단어의 끝 글자를 이용해 번호 순서대로 끝말잇기를 해보세요.

월   일   요일

1 국 자	2 자	3	4
5	6	7	8
9	10	11	12
13	14	15	16
17	18	19	20

각각의 그림마다 사용된 조각들을 찾아 동그라미 해주세요.

월 일 요일

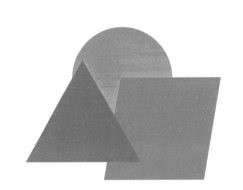

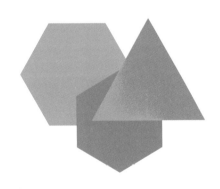

우리나라 지도에서 지역과 대표 상징물을 알맞게 이어주세요.

서울 광화문

평창 대관령

경기도
강원도
충청북도
충청남도
경상북도
전라북도
경상남도
전라남도
제주도

전주 한옥마을

경주 불국사

보성 녹차밭

부산 해운대

제주 돌하르방

물건 가격

지갑 속 돈과 거스름돈을 계산해서 구입한 물건 가격이 얼마인지 써주세요.

월   일   요일

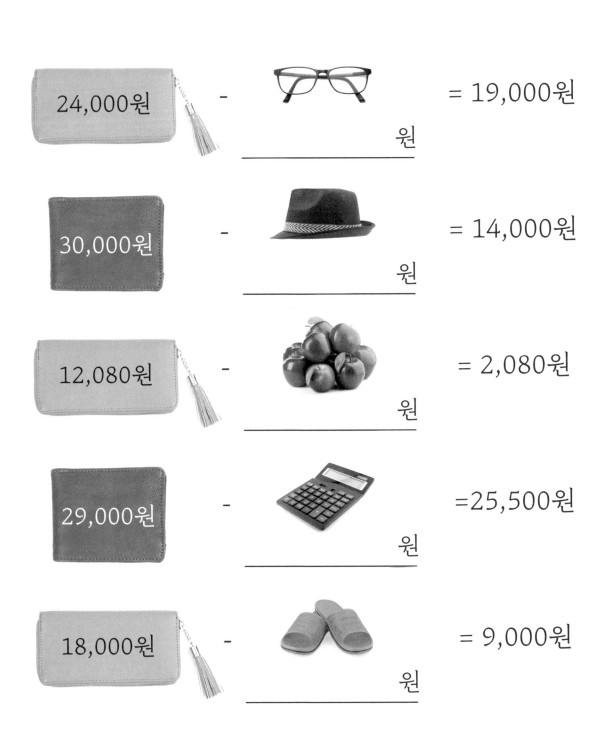

24,000원 - 안경 = 19,000원

_____ 원

30,000원 - 모자 = 14,000원

_____ 원

12,080원 - 토마토 = 2,080원

_____ 원

29,000원 - 계산기 =25,500원

_____ 원

18,000원 - 슬리퍼 = 9,000원

_____ 원

왼쪽 사물과 관련 있는 오른쪽 그림에 동그라미 해주세요.

월 일 요일

어울리는 사물

그림을 자세히 보고 다른 부분 10곳을 찾아 주세요.

월 일 요일

다음 그림을 보고 질문에 답해주세요.

월 일 요일

1. 지금 몇 시인가요? _____

2. 몇 명의 아이들이 있나요? _____

3. 시계탑 옆에 아이는 왜 울고 있나요?

1. 오늘은 몇 월 몇 일인가요? _____

2. 할아버지는 손녀와 무엇을 하나요? _____

3. 강아지는 왜 짖고 있나요?

그림을 보고 퍼즐 안에서 빠진 조각을 찾아 동그라미 해주세요.

월   일   요일

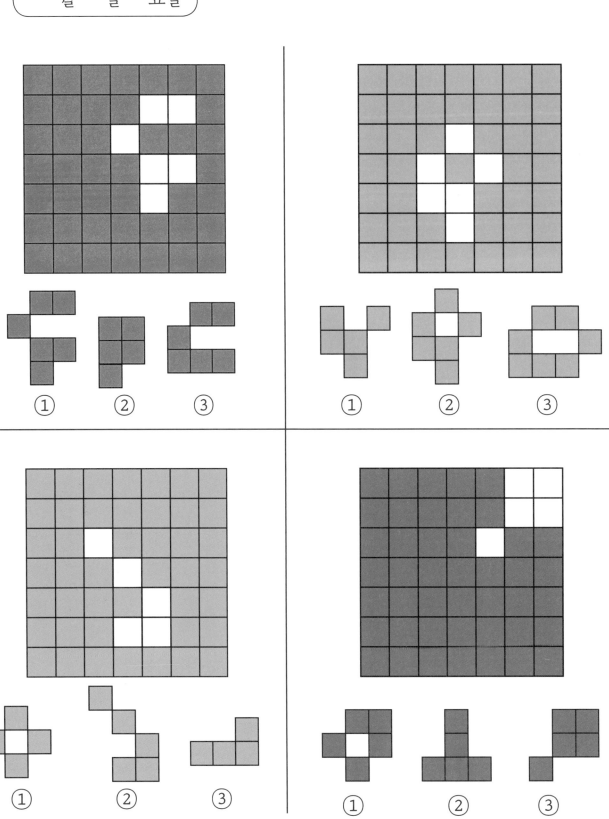

① ② ③

① ② ③

① ② ③

① ② ③

제주도의 아름다운 풍경을 자유롭게 칠해주세요.

월 일 요일

혼자옵서예

물건의 이름과 그 용도를 써주세요.

월　　일　　요일

용도:
_____

용도:
_____

용도:
_____

용도:
_____

용도:
_____

그림과 의미를 보고 맞는 속담을 써보세요.

월   일   요일

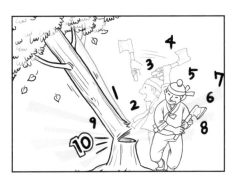

여러 번 계속해서 애쓰면 어떤 일이라도 이룰 수 있다는 뜻.

열 번 _____

_____

이미 일을 그르치고 난 뒤 뉘우쳐도 소용이 없다는 뜻.

소 잃고 _____

_____

아무리 비밀스럽게 하는 말도 새어 나가기 쉬우니, 말을 항상 조심해서 하라는 뜻.

낮 _____

_____

나에게 가까운 일을 먼 데 일보다 오히려 모른다는 뜻.

등 _____

_____

왼쪽 도형과 같은 모양의 사물을 찾아 줄로 이어주세요.

월   일   요일

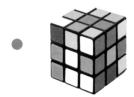

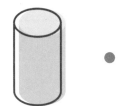

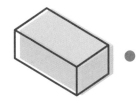

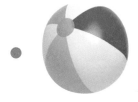

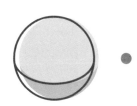

좋아하는 음식에 관한 질문에 답을 써주세요.

月　　일　　요일

1. 내가 좋아하는 음식 3가지는 무엇인가요?

_____　_____　_____

2. 그 중 가장 좋아하는 것은 무엇인가요?

_____

3. 내가 가장 잘 하는 음식은 무엇인가요?

_____

4. 그 음식을 만들어 누구와 먹고 싶은가요?

_____

5. 어렸을 때 먹은 음식 중 가장 기억에 남는 것은
　 무엇인가요?

_____

누가 만들어주셨나요?

_____

누구와 함께 먹었나요?

_____

세 그림 중 글자 개수가 다른 하나를 찾아 동그라미 해주세요.

월   일   요일

태어난 해를 상징하는 열두 동물의 이름을 써주세요.

월 일 요일

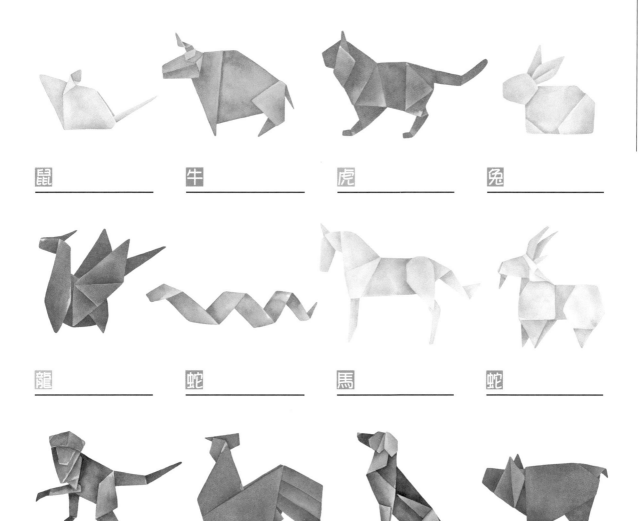

鼠 _____

牛 _____

虎 _____

兔 _____

龍 _____

蛇 _____

馬 _____

蛇 _____

猴 _____

雞 _____

狗 _____

豬 _____

나는 무슨 띠인가요? _____

나의 배우자는 무슨 띠인가요? _____

빈칸에 알맞은 수를 넣어 퍼즐을 완성해 주세요.

월　일　요일

1	+		=	4		5	
		-				+	
7		2					
-		=				=	
3			+	8	=		
=		-				-	
4	+		=	5		4	-

1 + □ = 4

7 - □ = 3

3 = 4 + □ (하단)

4 + □ = 5

2 + □ = ...

□ + 8 = □

4 - □ = 0

2 + □ = □

9 - □ = 8

3 + □ = □

3 + □

9 - □ = 6

□ = 5

글자를 자음과 모음으로 나누어 써주세요.

월 일 요일

즐 = ㅈ + ㅡ + ㄹ

청 = ☐ + ☐ + ☐

솔 = ☐ + ☐ + ☐

꽃 = ☐ + ☐ + ☐

할 = ☐ + ☐ + ☐

엽 = ☐ + ☐ + ☐

어떤 운동의 부분 그림인지 찾아 번호를 써주세요.

월　　일　　요일

두 그림 중 무게가 더 많이 나가는 쪽에 동그라미 해주세요.

월   일   요일

범주 단어

제시된 단어의 범주에 해당되는 단어를 골라 동그라미해주세요.

월   일   요일

 꽃	진달래 장갑 카네이션 나팔 수선화 소화기
 옷	전등 바지 저고리 스타킹 치마 방석
 장소	학교 운동장 과수원 소방관 배나무 교회
 가전제품	현미경 전기밥솥 가마솥 커피포트 치약 텔레비전
음식	순대 나팔꽃 부추전 오리백숙 김치 구두약

1부터 100까지 점을 잇고 색칠해 주세요.

월 일 요일

설명과 사진을 잘 보고 전통놀이 이름을 써주세요.

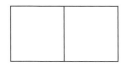

월   일   요일

병을 일정한 거리에 놓고, 그 속에 화살을 던져 넣은 후 그 개수로 승부를 가리는 놀이

두 소를 마주 세워 싸움을 붙이고 이를 보며 즐기는 놀이

윷가락을 던져 윷가락만큼 윷판 (말판)말을 놓아 모든 말이 최종점을 먼저 통과한 쪽이 이기는 놀이

딱지를 땅바닥에 놓고 다른 딱지로 쳐서, 뒤집히거나 금 밖으로 나가면 따먹는 놀이

다섯 개의 조그맣고 동그란 돌을 가지고 던져 손으로 잡으며 노는 놀이

전개도를 접으면 어떤 도형이 될지 알맞게 줄로 이어주세요.

월   일   요일

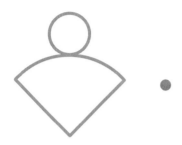

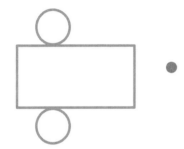

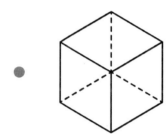

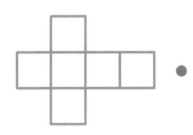

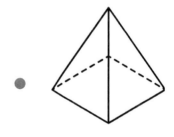

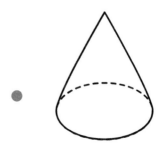

시간과 장소

시간과 장소에 관한 질문에 답해주세요.

월 일 요일

시간

1. 지금부터 45일 후는 몇 월인가요? _____

2. 지금부터 50일이 지나면 무슨 계절인가요? _____

3. 2035년 나는 몇 살이 되나요? _____

4. 오늘부터 보름 후 병원이 예약되어 있다면 몇 일에 병원에 가야 하나요? _____

장소

1. 머리를 염색하려면 어디에 가야 하나요?

_____

2. 고추장을 사려면 어디에 가야 하나요?

_____

3. 우리 집에서 TV는 어디에 있나요?

_____

4. 양치질은 어디에서 하나요?

_____

그림을 잘 보고 기억한 뒤 다음 장의 질문에 답해주세요.

월   일   요일

옛날 옛적에 ①

앞장을 기억하며 질문에 답해주세요.

월   일   요일

1. 날씨는 어떠했나요?

   1) 맑음 2) 눈 3) 비 4) 안개

2. 도깨비의 뿔은 몇 개였나요?

   1) 1개 2) 두 개 3) 세 개 4) 네 개

3. 혹부리 영감은 무슨 색 옷을 입고 있었나요?

   1) 빨간색 2) 노란색 3) 초록색 4) 파란색

4. 다음 중 도깨비 방망이로 만든 것을 모두 찾아
   동그라미 해주세요.

5. 이 광경을 구경하던 동물은 어떤 동물이었나요?

   1) 닭 2) 개 3) 고양이 4) 쥐

춤을 (춥니다   ).

트럼펫을 (   ).

잠을 (   ).

막걸리를 (   ).

자동차를 (   ).

촛불을 (   ).

분리 수거

재활용품들을 알맞은 분리수거통에 연결해 주세요.

월   일   요일

 종이류

 캔류

 플라스틱류

 병류

64 ▪ 판단력

화살표 방향대로 따라가며 계산하고 마지막 칸에 답을 써주세요.

월 일 요일

① 시작▶

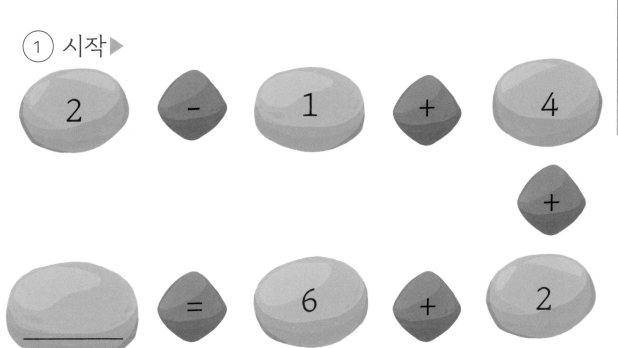

정답

② 시작▶

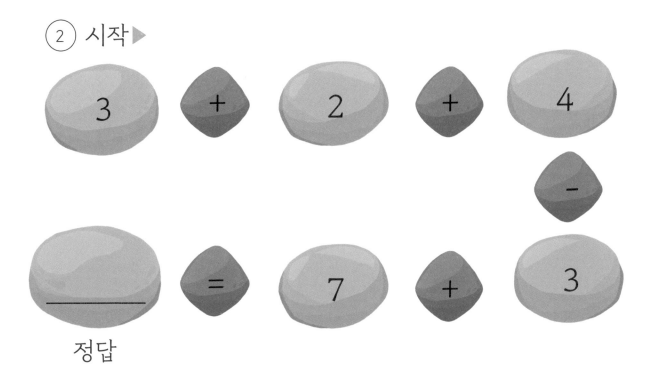

정답

만난 사람에 관한 질문에 답을 써주세요.

월   일   요일

가장 최근에 만난 사람을 그리고 이름을 써주세요.

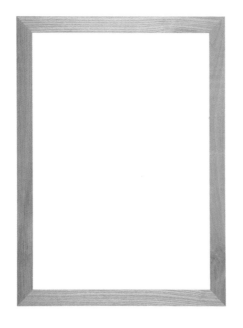

- -

나와 어떤 관계인가요? _____

어디서 만났나요? _____

왜 만났나요?

_____

무슨 이야기를 나누었나요?

_____

그 사람의 좋은 점은 무엇인가요?

_____

어 제
나 는

어제를 기억하며 오늘 쓰는 일기

어제 일기 <small>어제를 기억하며 써보세요.</small>

오늘 날짜: 20   년   월   일   요일 날씨:

어제 나의 기분이 어떠했는지
표정을 그리고
나의 감정을 찾아 동그라미 해주세요.

기뻤다.   우울했다.

슬펐다.   힘들었다.

괜찮았다.   _____

일어난 시간은? :	잠자리에 든 시간은? :

어제 무엇을 먹었나요?

아침식사	점심식사	저녁식사

어디에 갔었나요?

누구를 만났나요?

용돈은 얼마를 썼나요?

기억에 남는 일은 무엇인가요?

어제 일기

어제를 기억하며 써보세요.

오늘 날짜: 20　　년　　월　　일　　요일　날씨:

어제 나의 기분이 어떠했는지
표정을 그리고
나의 감정을 찾아 동그라미 해주세요.

기뻤다.	우울했다.
슬펐다.	힘들었다.
괜찮았다.	＿＿＿＿

| 일어난 시간은?　　　　:　　 | 잠자리에 든 시간은?　　　　:　　 |

어제 무엇을 먹었나요?

── 아침식사 ──	── 점심식사 ──	── 저녁식사 ──

어디에 갔었나요?

누구를 만났나요?

용돈은 얼마를 썼나요?

기억에 남는 일은 무엇인가요?

어제 일기

어제를 기억하며 써보세요.

오늘 날짜: 20   년   월   일   요일   날씨:

어제 나의 기분이 어떠했는지
표정을 그리고
나의 감정을 찾아 동그라미 해주세요.

기뻤다.   우울했다.

슬펐다.   힘들었다.

괜찮았다.   _____

일어난 시간은? :	잠자리에 든 시간은? :

어제 무엇을 먹었나요?

── 아침식사 ──	── 점심식사 ──	── 저녁식사 ──

어디에 갔었나요?

누구를 만났나요?

용돈은 얼마를 썼나요?

기억에 남는 일은 무엇인가요?

어제 일기

어제를 기억하며 써보세요.

오늘 날짜: 20   년   월   일   요일   날씨:

어제 나의 기분이 어떠했는지
표정을 그리고
나의 감정을 찾아 동그라미 해주세요.

기뻤다.   우울했다.

슬펐다.   힘들었다.

괜찮았다.   _____

일어난 시간은? :	잠자리에 든 시간은? :

어제 무엇을 먹었나요?

─ 아침식사 ─	─ 점심식사 ─	─ 저녁식사 ─

어디에 갔었나요?

누구를 만났나요?

용돈은 얼마를 썼나요?

기억에 남는 일은 무엇인가요?

어제 일기

어제를 기억하며 써보세요.

오늘 날짜: 20   년   월   일   요일 날씨:

어제 나의 기분이 어떠했는지
표정을 그리고
나의 감정을 찾아 동그라미 해주세요.

기뻤다.   우울했다.

슬펐다.   힘들었다.

괜찮았다.   _____

일어난 시간은?   :

잠자리에 든 시간은?   :

어제 무엇을 먹었나요?

─ 아침식사 ─	─ 점심식사 ─	─ 저녁식사 ─

어디에 갔었나요?

누구를 만났나요?

용돈은 얼마를 썼나요?

기억에 남는 일은 무엇인가요?

어제 일기

어제를 기억하며 써보세요.

오늘 날짜: 20   년   월   일   요일 날씨:

어제 나의 기분이 어떠했는지
표정을 그리고
나의 감정을 찾아 동그라미 해주세요.

기뻤다.   우울했다.

슬펐다.   힘들었다.

괜찮았다.   _____

일어난 시간은?   :   잠자리에 든 시간은?   :

어제 무엇을 먹었나요?

아침식사	점심식사	저녁식사

어디에 갔었나요?

누구를 만났나요?

용돈은 얼마를 썼나요?

기억에 남는 일은 무엇인가요?

어제 일기

어제를 기억하며 써보세요.

오늘 날짜: 20   년   월   일   요일   날씨:

어제 나의 기분이 어떠했는지
표정을 그리고
나의 감정을 찾아 동그라미 해주세요.

기뻤다.   우울했다.

슬펐다.   힘들었다.

괜찮았다.   _____

일어난 시간은?   :   잡자리에 든 시간은?   :

어제 무엇을 먹었나요?

아침식사	점심식사	저녁식사

어디에 갔었나요?

누구를 만났나요?

용돈은 얼마를 썼나요?

기억에 남는 일은 무엇인가요?

어제 일기

어제를 기억하며 써보세요.

오늘 날짜: 20   년   월   일   요일   날씨:

어제 나의 기분이 어떠했는지
표정을 그리고
나의 감정을 찾아 동그라미 해주세요.

기뻤다.   우울했다.

슬펐다.   힘들었다.

괜찮았다.   _____

일어난 시간은?   :   잠자리에 든 시간은?   :

어제 무엇을 먹었나요?

─── 아침식사 ───	─── 점심식사 ───	─── 저녁식사 ───

어디에 갔었나요?

누구를 만났나요?

용돈은 얼마를 썼나요?

기억에 남는 일은 무엇인가요?

어제 일기

어제를 기억하며 써보세요.

오늘 날짜: 20   년   월   일   요일 날씨:

어제 나의 기분이 어떠했는지
표정을 그리고
나의 감정을 찾아 동그라미 해주세요.

기뻤다.   우울했다.

슬펐다.   힘들었다.

괜찮았다.   _____

| 일어난 시간은?   : | 잠자리에 든 시간은?   : |

어제 무엇을 먹었나요?

아침식사	점심식사	저녁식사

어디에 갔었나요?

누구를 만났나요?

용돈은 얼마를 썼나요?

기억에 남는 일은 무엇인가요?

어제 일기 어제를 기억하며 써보세요.

오늘 날짜: 20   년   월   일   요일 날씨:

어제 나의 기분이 어떠했는지
표정을 그리고
나의 감정을 찾아 동그라미 해주세요.

기뻤다.   우울했다.

슬펐다.   힘들었다.

괜찮았다.   _____

일어난 시간은? :	잠자리에 든 시간은? :

어제 무엇을 먹었나요?

─ 아침식사 ─	─ 점심식사 ─	─ 저녁식사 ─

어디에 갔었나요?

누구를 만났나요?

용돈은 얼마를 썼나요?

기억에 남는 일은 무엇인가요?

▎ 저자

길소연

국민대학교 법정대 졸

웨스트민스터 신학대학원 상담심리학 석사

웨스트민스터 신학대학원 상담심리학 박사과정

한국시니어정신건강연구소 수석연구원(현)

성남위례종합사회복지관 상담실 실장(현)

한국목회상담학회 상담사(현)

노인통합교육지도사 1급, 웰다잉심리상담사 1급, 미술심리치료사 1급

김희애

숙명여자대학교 문과대 졸

웨스트민스터 신학대학원 상담심리학 석사

한국시니어정신건강연구소 수석연구원(현)

성남위례종합사회복지관 전문 상담사(현)

한국목회상담학회 상담사(현)

노인심리상담사 1급, 미술심리치료사 1급, 놀이심리상담사 2급

송혜경

이화여자대학교 사범대 졸

웨스트민스터 신학대학원 상담심리학 석사

웨스트민스터 신학대학원 놀이치료학 박사과정

한국시니어정신건강연구소 수석연구원(현)

웨스트민스터상담코칭센터 전문 상담사(현)

한국정신분석심리상담학회 상담사(현)

노인심리상담사 1급, 놀이심리상담사 1급, 미술심리치료사 1급

이혜영

이화여자대학교 미술대 졸

웨스트민스터 신학대학원 상담심리학 석사

웨스트민스터 신학대학원 상담심리학 박사과정

한국시니어정신건강연구소 수석연구원(현)

성남위례종합사회복지관 상담실 팀장(현)

한국목회상담학회소 상담사(현)

노인심리상담사 1급, 놀이심리상담사 1급, 미술심리치료사 1급

치매로부터 인지능력을 지켜주는

시니어 인지활동북 03

1판 1쇄 발행	2021년 05월 10일
1판 2쇄 발행	2022년 12월 20일

지은이	길소연, 김희애, 송혜경, 이혜영
발행처	도서출판 넥스웍
발행인	최근봉

표지디자인	디자인길
편집디자인	디자인길
삽화	김은지, shutterstock
주소	경기도 고양시 일산동구 장백로 20, 102동 905
전화	031)972-9207
팩스	031)972-9208
이메일	cntpchoi@naver.com
등록번호	제2014-000069호

ISBN: 979-11-88389-21-6

＊ 값은 표지 뒷면에 표기되어 있습니다.

＊ 잘못된 책은 구입하신 서점에서 바꾸어 드립니다.